AF371175

QUESTION

DU

RACHAT DES CHEMINS DE FER.

OBSERVATIONS

PRÉSENTÉES

A L'ASSEMBLÉE NATIONALE

PAR LES COMPAGNIES

D'ORLÉANS A BORDEAUX ET DE TOURS A NANTES.

PARIS,

IMPRIMERIE ET LIBRAIRIE ADMINISTRATIVES DE PAUL DUPONT,

Rue de Grenelle-Saint-Honoré, 55.

1848

OBSERVATIONS

PRÉSENTÉES

A L'ASSEMBLÉE NATIONALE

PAR LES COMPAGNIES DES CHEMINS DE FER

D'ORLÉANS A BORDEAUX ET DE TOURS A NANTES.

Citoyens Représentants,

Un projet de loi vous est soumis, qui est de nature à ébranler la foi publique et qui alarme les plus légitimes intérêts. On le présente cependant, comme une conséquence logique de la grande révolution qui vient de s'accomplir, et comme une condition de l'établissement du gouvernement démocratique en France, de sorte que la résistance des droits qu'il offense, serait presqu'un coupable effort tenté pour le maintien d'un élément incompatible avec les institutions que vous allez fonder. C'est sous l'impression de cette idée qu'on a failli ne pas attendre même la réunion des délégués du peuple, et qu'on se croyait obligé de décréter, par un acte dictatorial, le projet qui vous est soumis.

Cette idée est-elle juste, ou bien n'est-ce point un ressentiment contre le passé? C'est ce que vous examinerez sans perdre de vue que votre mission est de régénérer et non pas de détruire aveuglément; de respecter les engagements contractés au nom de l'État, et de ne pas tarir les sources de la confiance, en un moment où la confiance suspendue n'aspire qu'à se ranimer, pour prêter à l'État un secours dont il ne peut se passer.

Gardiens de l'intérêt d'une foule d'actionnaires nationaux et étrangers, nous nous attacherons, avant tout, à définir exactement le *droit* à la ruine duquel on marche avec une ardeur si difficile à comprendre. Nous examinerons ensuite les motifs et les conséquences du projet de loi.

Ce projet repose sur une erreur fondamentale, savoir : que toutes les lignes de chemins de fer en France ont été aliénées par l'État au profit de grandes compagnies financières, dont l'existence est aujourd'hui signalée comme un danger public. La proposition contraire aurait été plus près de la vérité

Tout le monde sait quelles ont été en France les vicissitudes de l'établissement de ces nouvelles voies de communication.

De 1823 à 1837, aucune idée d'ensemble n'avait encore présidé aux délibérations sur la matière; il suffit de se reporter à cette époque et de consulter les graves discussions qui occupèrent la session de 1837, pour se convaincre qu'elles n'eurent aucun rapport avec ce que le projet appelle le *mouvement aristocratique sous la royauté constitutionnelle :* les dissentiments ne portèrent que sur des considérations de finances, de crédit, de bonne et prompte exécution. Ce qui est digne de remarque, c'est que, tandis que les opinions étaient tranchées pour ou contre l'exécution par l'État ou par les Compagnies, tout le monde s'accordait à reconnaître l'impossibilité de l'exploitation directe par l'Etat, sans en excepter les députés qui représentaient, dès lors, l'opinion démocratique, dans les chambres législatives.

C'est en 1838 seulement qu'à la suite d'un long débat et d'un rapport présenté au nom d'une grande commission, par un membre actuel de la Commission exécutive de la République, la question d'exécution fut résolue.

Quand on se rappelle que le gouvernement de 1838 avait proposé l'exécution par l'Etat ; quand on voit le système contraire prévaloir par les efforts de M. F. Arago, on s'étonne de rencontrer, dans un exposé de motifs qui précède un projet approuvé par M. Arago lui-même, le passage suivant :

« La royauté constitutionnelle fut irrésistiblement entraînée à la re-
« construction d'une nouvelle aristocratie. Au lendemain même de son
« origine, elle *se prit à rechercher*, à réunir en faisceau toutes les ten-
« dances aristocratiques éparses dans la société moderne. . . . »

Ce qu'au nom du salut public on demande aujourd'hui à l'Assemblée nationale est, précisément (à l'exploitation près) ce que voulaient les conseillers de la couronne en 1838 ; et (chose étrange !) on trouve, dans l'exposé des motifs de M. le ministre des finances, quelques-unes des idées développées en 1838 par M. Martin (du Nord), ministre des travaux publics sous la royauté constitutionnelle.

Et ce n'est pas le seul rapprochement qu'il soit curieux et utile de faire entre ce qui s'est passé en 1838 et ce qui se passe aujourd'hui. Que l'on interroge les documents contemporains, on y verra que le projet du gouvernement était combattu par des arguments empruntés à l'intérêt de la *démocratie* et à la crainte de voir les libertés publiques compromises par l'attribution au gouvernement de l'exécution des chemins de fer. Et combien ces arguments n'auraient-ils pas eu plus de puissance, s'il se fût agi de lui en confier en même temps l'exploitation continue ?

Mais, ce n'est pas à nous qu'il appartient d'agiter ces questions. Placés sous l'empire de la loi du 11 juin 1842, qui a mis un terme au conflit des systèmes, nous devons nous hâter d'en fixer le sens et la portée méconnus par l'exposé des motifs de M. le ministre des finances.

Il y a deux choses parfaitement distinctes dans cette loi : son *principe* d'abord, et ensuite, l'*exception* introduite dans le cours de la discussion et par voie d'amendement à l'article 2.

Le *principe* n'était pas, comme on paraît le croire, l'abdication par l'Etat, au profit de compagnies, de la *propriété* des chemins de fer. Au contraire, le gouvernement entendait rester propriétaire et proclamait solennellement cette intention. Il ne cédait que l'exploitation ou la jouissance temporaire, et la part que les compagnies supportaient, dans la dépense générale de l'établissement, représentait le *fermage*, ou le prix de la possession *précaire* de la chose affermée.

Dans le texte même de la loi, c'est par le mot *Bail*, qu'est toujours caractérisé le droit transmis par la concession.

Ce contrat ne diffère en aucune façon de celui qui intervient entre le propriétaire du sol nu et le constructeur d'un édifice, auquel la jouissance à temps est accordée en retour du capital employé par lui à la construction.

Que si, dans un *bail* de cette nature, on a poussé la prévoyance jusqu'à stipuler la faculté du rachat de la jouissance avant le terme fixé ; à déterminer précisément en quel temps et sous quelles conditions le rachat pourrait être exercé; il n'y a pas d'exemple au monde que de telles conventions aient été violées, et la toute-puissance de la loi ne pourrait elle-même légitimer une semblable infraction.

Nul n'en aurait certainement conçu la pensée, si, à l'ombre de l'*exception* attachée à l'article 2 (§ 3) de la loi, par le vote des chambres, on ne s'était pas laissé entraîner à substituer l'*exception à la règle*, à déserter le principe, à faire cesser le concours de l'État et à concéder l'ensemble des travaux à des compagnies financières.

Nous n'avons pas à examiner les conséquences d'une distinction à faire entre les contrats qui se rapportent au *principe* de la loi, et ceux qui rentrent dans l'exception autorisée par l'article 2. Il faut laisser à chacun la défense de son intérêt.

Le nôtre se place en dehors de l'*exception* et dans les termes précis d'un *bail* à très-court terme. Nous avons acquis, sous la garantie formelle de l'État, le droit d'exploiter les voies de fer d'Orléans à Bordeaux et de Tours à Nantes; d'en percevoir les produits sur un tarif dont le *maximum* est réglé, à la charge par nous de fournir les rails et le matériel nécessaire à l'exploitation. C'est le système pur de la loi de **1842**.

Qu'est-ce qu'une telle convention, si ce n'est une entreprise de transports sur une voie dont le sol, acquis et approprié par l'État, lui reste en toute propriété? S'il y a quelque chose d'*aliéné*, ce sont les rails, c'est-à-dire une partie des instruments de l'exploitation que les preneurs doivent laisser à l'expiration du bail. Le loyer est représenté : 1° par l'avance du capital constituant la valeur de la voie de fer et des instruments de transport; 2° par un partage des produits au-dessus de **8** p. 0/0 des sommes employées.

Telles sont les principales conditions sous la foi desquelles nous avons abordé les enchères et accepté le bail.

Notre droit étant ainsi purement *précaire,* et borné à la jouissance temporaire d'une propriété de l'État, il est évident qu'il ne peut être question, à notre égard, d'une *expropriation pour cause d'utilité publique,* car elle suppose nécessairement la transmission forcée de la propriété d'un immeuble, ou le passage de cette propriété d'une tête sur une autre. Or, par le projet de loi, rien de ce qui constitue une *propriété* ne nous serait enlevé ; rien ne serait attribué à l'État, qui n'a pas cessé d'être propriétaire. Et s'il s'agissait d'une expropriation proprement dite, il n'y aurait ni motif ni prétexte pour nous priver des garanties du droit commun, telles que les a consacrées, pour tous les cas de ce genre, la loi du 3 mai 1841.

Mais, le projet a la prétention de ne pas *exproprier*, bien qu'il tende à nous ravir des droits certains, des droits en retour desquels nous avons couru et nous courons encore les risques d'une entreprise loyalement formée. La mesure est présentée comme n'étant autre chose que l'exercice *anticipé* de la faculté que le contrat lui-même a introduite en faveur de l'État.

Il faut s'entendre sur les mots et les ramener à leur sens naturel.

Le droit public et le droit civil de la France commandent le sacrifice de la propriété privée à l'utilité publique, mais sous la condition d'une juste et préalable indemnité. Des lois spéciales ont réglé les formes d'après lesquelles l'utilité publique doit être constatée et l'indemnité appréciée.

Est-ce de ce droit qu'on s'arme contre nous ? D'abord, la matière y répugne, et nous venons de l'établir en définissant l'objet de toute expropriation. En second lieu, la faculté d'exiger le sacrifice est *conditionnelle* dans son essence. Et il fallait bien qu'il en fût ainsi, pour la stabilité d'un droit de propriété qui est le fondement de toutes les sociétés humaines. Si la condition est enfreinte, la faculté disparaît. Si l'État s'affranchit des formalités tutélaires qui sont le rempart de la propriété, il n'acquiert pas, il prend... Il commet la spoliation dont s'abstiennent même les gouvernements les plus absolus.

Il faudrait donc imaginer, au point de vue de l'équité, une différence sérieuse entre le droit complet de propriété et le droit à la jouissance résultant d'un bail solennel. A l'aide de quelles subtilités espèrerait-on y parvenir ? Quoi donc ! si l'État nous avait vendu les chemins de fer d'Orléans à Bordeaux et de Tours à Nantes, déjà construits, à ses frais, durant cette longue période d'incertitude où tout le monde inclinait à penser que les compagnies financières seules avaient l'aptitude de mener à bien de telles entreprises, nous ne pourrions en être dépossédés au profit de l'État qu'après la constatation de l'utilité publique et l'appréciation de l'indemnité par un jury spécial! Et notre *jouissance* pourrait nous être ravie en dehors de ces conditions! L'État exigerait le sacrifice et en déterminerait arbitrairement le prix! Nous le disons hardiment , la puissance de la loi ne peut aller jusque-là, parce qu'il y a quelque chose au-dessus de la loi : c'est le respect de la chose promise, et que le législateur est plus rigoureusement astreint à l'observer, quand c'est le domaine public qui profiterait de l'infraction.

L'exposé des motifs a condamné lui-même la distinction que nous venons de combattre, et il faut lui savoir gré de la franchise de ses expressions.

« L'État ne prend pas les chemins, il les *achète*..... Nous voulons « purement et simplement *exproprier* les chemins de fer. Et qu'est-ce « que l'*expropriation*, sinon la consécration la plus formelle du droit de « *propriété?* »

Si le sujet était moins sérieux, nous pourrions ramener ici les observations qui ont eu pour but de fixer nettement notre situation, et répondre à M. le ministre des finances que l'État ne peut pas *acheter* ce qui n'a pas cessé d'être à lui; qu'il ne peut pas *exproprier* autrui, quand il n'a pas cessé d'être *propriétaire* lui-même, et qu'il y a, dans ce mélange des principes relatifs à l'*expropriation* avec les principes qui président à la résiliation forcée d'un bail à ferme, une confusion facile à discerner, autant qu'elle serait inique dans ses conséquences.

Qu'on s'explique entre les deux termes de la question et que l'on fasse un choix. Si c'est une *propriété* dont on exige l'abandon et dont on veut payer le prix, qu'on se soumette aux conditions de la loi générale. L'État n'a pas, plus qu'un autre, le droit de s'en affranchir, et, par une sorte de pudeur exemplaire, il devrait s'y croire plus strictement assujetti quand il y va de son intérêt.

Si, au contraire, on est obligé de reconnaître que nous sommes, avec l'État, dans les relations d'un preneur à l'égard de son bailleur; qu'on cherche, dans le recueil entier de notre législation, une disposition qui autorise l'État à rompre, avec ou sans indemnité, de telles conventions.

Non, il n'y a pas, il ne pouvait y avoir un droit de *résiliation forcée* à l'égard des baux consentis par l'État. C'eût été glacer toute confiance et dissuader les capitaux privés de se porter sur l'exploitation d'aucune des branches du domaine public. Eh! qui donc oserait prendre à ferme une usine de l'État; traiter pour des approvisionnements ou des fournitures successives; s'engager pour des transports; s'il suffisait d'alléguer l'utilité publique pour briser de pareilles stipulations, et si l'État se réservait de fixer législativement l'indemnité à laquelle cette infraction aurait donné lieu.

A défaut d'un principe législatif qui n'existe pas et que l'intérêt public lui-même ne permettrait pas d'introduire, le droit commun est la seule régle à consulter, et le droit commun est la fidèle expression de l'équité naturelle.

Les conventions, légalement formées, tiennent lieu de loi à ceux qui les ont faites : elles ne peuvent être révoquées que de leur consentement mutuel (art. 1154, C. C.). Toute obligation se résout en dommages-intérêts, en cas d'inexécution (art. 1142); les dommages-intérêts sont de la perte éprouvée et du gain dont on a été privé (art. 1147). Le bailleur est obligé, par la nature du contrat, et sans qu'il soit besoin d'aucune stipulation particulière, de faire jouir le preneur pendant la durée du bail (art. 1719).

Telle est la règle entre simples particuliers. A plus forte raison doit-elle être observée par l'État, malgré ou plutôt à cause de sa supériorité.

En un mot, il existe une loi spéciale pour l'*expropriation forcée*; on ne l'invoque pas; on se dérobe à ses dispositions. Il n'en existe pas pour le *rachat*, ou plutôt pour la *résiliation forcée*. Donc on ne peut nous y contraindre légalement; et si, de fait, on veut nous éconduire, on doit subir les conséquences de la rupture du contrat dans les termes de la loi commune.

Il n'est donc pas vrai que *la question se réduise à savoir si l'état paie les chemins ce qu'ils valent;* car nul, si ce n'est la justice ordinaire, n'a reçu la mission de déterminer cette valeur. Sans doute, l'Assemblée nationale résume en elle tous les attributs de la souveraineté; mais elle doit résister à l'étrange pouvoir qu'on veut lui conférer, de se substituer aux tribunaux et de régler les effets de la violation d'un contrat. La nature de ce contrat ne change pas en raison de la qualité de l'une des parties. De tout temps, en France, on a proclamé le principe que, dans les luttes judiciaires, l'État ne peut revendiquer aucun privilége, ni se soustraire aux juridictions légalement établies.

Où donc a-t-on puisé la justification de cette assertion que *les chemins de fer sont essentiellement rachetables ?* Cela n'est pas plus exact pour les chemins de fer que pour toute autre propriété, ou toute autre jouissance légitimement conférée. Il n'en est pas dit un mot dans la loi organique du 11 juin 1842. Au contraire, cette loi, ou plutôt les cahiers de charges, qui en ont réglé l'exécution, précisent nettement les seuls cas où, par voie de déchéance définitive ou de suspension d'exploitation, les fermiers pourront être dépossédés (art. 16 du cahier des charges, annexé à la loi du 28 juillet 1844, qui est notre titre).

Mais il y a, à cette proposition de l'exposé des motifs, une réponse plus directe. Si les chemins de fer étaient *essentiellement rachetables*, à quoi bon insérer, dans notre cahier des charges (art. 34), une disposition destinée à fixer le jour auquel commencerait, pour l'État, la faculté de rentrer en possession, et les bases de l'évaluation de l'indemnité qu'il aurait à supporter dans ce cas ?

Si la langue française n'a pas subi d'altération, prétendre qu'un droit quelconque est rachetable *par son essence,* c'est soutenir qu'on peut toujours, sans formalités et sans conditions, l'éteindre par le rachat. Mais alors, pourquoi s'est-on cru obligé de faire précéder la dépossession d'une déclaration d'utilité publique ? Pourquoi, surtout, a-t-on suspendu l'exercice de la faculté de rachat pendant les quinze années qui suivraient la pose des rails ? Aurait-on pu se flatter de trouver un adjudicataire, s'il se fût agi d'une jouissance que l'État aurait pu faire cesser à volonté, un an, un mois, un jour après la délivrance de la chose affermée ?

Non, les chemins de fer, livrés pour l'exploitation à des compagnies financières, ne sont pas *essentiellement rachetables*. Ils ne le sont que par la vertu et selon la lettre du contrat qui est la loi commune des parties. Convenir d'un *terme* et d'un *mode*, c'est virtuellement exclure tout autre terme, tout autre mode; c'est limiter la faculté tout en l'établissant.

L'exposé des motifs dit avec raison, que *le droit souverain de l'État a été formellement stipulé;* mais c'est précisément parce que la stipulation est formelle, qu'il faut en respecter la teneur. Est-ce bien la peine de la rappeler, au moment même où on propose sa transgression manifeste?

« Que ferez-vous donc, ajoute l'exposé de M. le ministre des finan-
« ces, en récupérant, *dès aujourd'hui,* cette portion aliénée du domaine
« public? »

Et il répond : « Une *anticipation*... voilà tout. »

Comment *voilà tout?* Ne dirait-on pas que ce n'est rien? J'ai accordé, j'ai *garanti* une jouissance à très-court terme, et j'évince le fermier avant même que ce terme n'ait commencé à courir; et je pourrai dire que je ne fais qu'*anticiper ?* J'ai promis de n'user du droit de reprendre la possession que 15 ans après la délivrance de la ligne entière; et si je l'exerce avant cette délivrance, il me suffira de dire que je ne fais qu'*anticiper;* que je suis fidèle à la *stipulation formelle* du contrat !!

Il est écrit (art. 34) : « que, pour régler le prix de cette *résiliation* (le
« terme est précieux à recueillir), on relèvera les produits nets annuels
« obtenus par la Compagnie, *pendant* les 7 années qui auront précédé
« celle où la *résiliation* s'opérera. On en déduira le produit net des deux
« années les plus faibles, et l'on rétablira le produit net moyen des cinq
« autres années. Ce produit net moyen formera le montant d'une annuité
« qui sera due et payée à la Compagnie, pendant chacune des années res-
« tant à courir sur la durée du *bail.*

« La Compagnie recevra, en outre, dans les trois mois qui suivront la
« *résiliation,* le remboursement, *à dire d'experts,* de la valeur du maté-
« riel, du combustible et des approvisionnements.»

Et, quand à ce mode d'évaluation on propose d'en substituer un autre uniquement fondé sur le cours des actions et de la rente, un autre qui confond, au lieu de les distinguer, les produits de l'exploitation et la valeur non estimée du matériel, il serait permis de dire qu'on ne fait qu'*anticiper* l'expiration du bail et qu'on se renferme dans les limites de la convention.

Mais, c'est le renversement le plus complet de l'acte le plus solennel; c'est la spoliation la moins déguisée; c'est précisément le contraire de ce qui a été la pensée commune des parties et la cause impulsive du traité.

Que si l'on veut scruter, en effet, les motifs qui ont déterminé cette définition précise du terme et des conditions de la *résiliation*, la spoliation devient encore plus évidente. Les chemins de fer ne sont pas une de ces spéculations dont il soit possible d'apprécier immédiatement la valeur et les produits. La circulation est plus ou moins lente à s'établir. Ils attirent, mais c'est avec l'aide du temps. Le prolongement de la voie, les embranchements qui se succèdent, sont les éléments essentiels de leur succès futur, et c'est seulement lorsqu'ils ont acquis tous les développements dont ils sont susceptibles, qu'on peut se former une idée juste de leurs produits. D'une autre part, les progrès de la science, l'invention probable de procédés économiques, les améliorations successives qui pénètrent dans le service, sont autant de causes capables d'en augmenter la valeur.

Voilà, sans aucun doute, pourquoi on a tenu en suspens la faculté de rachat pendant une longue expérimentation. Voilà ce qui a été, pour les Compagnies, le fondement d'une espérance légitime. Comment admettre qu'à la seule apparence d'une révolution favorable dans le régime des chemins de fer, il aurait été permis à l'État de rompre inopinément un bail à peine commencé ; de laisser aux fermiers les pertes inséparables d'une exploitation naissante, et de s'emparer de l'infaillible bénéfice d'une exploitation parvenue à sa perfection ?

Enfin, l'article 35 du cahier des charges ne soumet l'État, en cas de *résiliation*, qu'au remboursement du matériel et des approvisionnements. La voie de fer, devenue partie intégrante du chemin, incorporée à l'immeuble, lui demeure sans aucune indemnité. Aurait-il été juste de lui permettre de s'en emparer gratuitement dès le lendemain de la pose des rails, et, par conséquent, avant que la Compagnie eût trouvé, dans une longue jouissance, la rémunération de ce capital important, irrévocablement perdu pour elle ?

Ainsi, non-seulement la *prohibition* du rachat avant quinze ans révolus de pleine jouissance, est écrite dans le contrat et enchaîne les parties ; mais, si elle n'était pas écrite, il faudrait la sous-entendre, sous peine de voir le contrat dégénérer en une odieuse déception.

Il est un temps avant lequel on a reconnu qu'il serait impossible d'avoir les éléments d'une appréciation équitable, et c'est à ce temps qu'on a renvoyé l'exercice de la faculté de rachat.

L'*anticipation* n'est donc pas une chose indifférente. Elle n'est pas un droit, mais un abus. Elle déshériterait les Compagnies d'un avenir sur lequel leur spéculation s'est fondée. Elle blesse le contrat dans sa substance ; et, quoi qu'on en puisse dire, elle souillerait le régime nouveau du blâme d'une inique confiscation. Elle tarirait les sources du crédit, et, sous ce rapport, elle serait encore plus funeste à l'État qu'aux Compagnies elles-mêmes, car la confiance une.fois éteinte, il faut des siècles pour la ranimer. C'est pour les gouvernements qu'il est rigoureusement vrai de dire qu'ils s'appauvrissent par l'infidélité.

Quand l'exposé des motifs affirme que *le droit de rachat n'a été contesté par personne*, il faut bien se garder d'appliquer cet assentiment tacite à l'*anticipation*. Eh! sans doute, nul n'a nié, en principe, l'existence d'un tel droit ; mais tout le monde a énergiquement protesté contre son exercice immédiat. Ce droit, il n'existerait certainement pas pendant toute la durée conventionnelle du bail, s'il n'avait pas été formellement stipulé. Le gouvernement et les chambres l'ont bien senti, quand ils en ont fait la réserve expresse.

Mais ce droit existe, non pas tel qu'on le suppose, indéfini, pouvant se produire en tout temps et ne dépendant que de la volonté de l'une des parties. Il existe tel que le contrat l'a établi, car il n'a pas d'autre source, d'autre justification, d'autre mesure. C'est dans ce sens qu'il faut entendre la reconnaissance dont se prévaut l'exposé des motifs et non autrement.

« Si vous rachetez les chemins de fer, et si, dans ce cas, vous adop-
« tez les moyens d'exécution que je propose, nous serons, *d'ici à peu*
« *de jours*, en mesure de *ranimer le travail* dans les usines et sur un
« grand nombre de points du territoire. »

En quoi donc le rachat pourra-t-il servir à cette œuvre louable? C'est ce qu'il faut examiner de près, car la sollicitude n'est utile qu'autant qu'elle est éclairée.

Les chemins de fer sont de deux natures en France. Les uns appartiennent au *principe* de la loi du 11 juin 1842, les autres à *l'exception*.

Pour les premiers (nous sommes dans cette catégorie), l'Etat est resté chargé des terrassements, des ouvrages d'art et des stations. Qui donc l'empêche de redoubler d'activité dans l'accomplissement de cette tâche; de peupler les ateliers de tous les bras inoccupés et de mettre les fermiers, à mesure que les sections de la voie seront achevées, en demeure d'en prendre livraison et de poser les rails? Quand il aura racheté, sera-t-il dans une situation meilleure? Que si, après la délivrance d'une section, les Compagnies diffèrent de poser les rails, de placer leur matériel et d'ouvrir la circulation; c'est le cas de la déchéance de plein droit. Le rachat devient donc inutile, et on aura économisé l'indemnité. Ainsi, à l'égard des chemins qui ont été l'objet d'un simple bail, la carrière est libre pour le travail; les ateliers sont ouverts; il y a de quoi répartir et occuper cent mille ouvriers, et les Compagnies, pressées d'armer la voie, mettront forcément les usines métallurgiques en mouvement.

Dans les autres chemins, il faut distinguer. Les uns sont achevés dans tout leur parcours; la circulation y est établie; et, pour ceux-là, l'Etat pourra bien renouveler le personnel, mais non pas l'augmenter; créer des existences, mais non sans en détruire; et l'on ne doit pas présumer qu'il veuille multiplier les agents sans utilité, peut-être même au détriment du service.

Quelle sera l'utilité de la loi, au point de vue de l'intérêt des travailleurs? Leur nombre vous pèse; leur situation vous émeut! Qu'attendez-vous donc? *Sur tous les points du territoire,* le travail est appelé; la place est libre. Vous pouvez donner aux ouvrages interrompus la plus vive impulsion. Le *rachat* ne vous fournira aucune faculté nouvelle. Le bienfait est dans vos mains. Faites le parvenir à ceux qui souffrent...

Que si cependant, au nombre des lignes achevées, il en est dont l'exploitation ait trompé les espérances conçues, et dont les actionnaires aspirent à se décharger; qui ne se sentent pas la main assez forte pour tenir le gouvernail et comprimer des exigences injustes, même avec l'appui (qui ne leur manquerait pas) de la puissance publique; eh bien! pourquoi déployer, envers ces Compagnies, l'inutile appareil d'une loi empreinte du caractère de la spoliation? C'est le sujet d'une rétrocession volontaire.

Mais, pourquoi envelopper dans une mesure violente l'intérêt des Compagnies qui portent avec patience, avec l'espoir d'un avenir meilleur, le poids de leurs engagements?

De toutes les raisons alléguées, à quelque ordre d'idées qu'elles appartiennent, il n'en est pas une qui s'applique même indirectement aux Compagnies que nous représentons.

Nous venons de démontrer que le projet de décret soumis à l'Assemblée nationale viole le droit, détruit des contrats passés sous la garantie des pouvoirs publics et de l'honneur national. — Dans un travail complémentaire, il nous sera facile d'établir bientôt, qu'au point de vue de la situation financière du pays, l'État ne peut rembourser les Compagn es sans jeter le crédit public dans de graves perturbations, et que, quant aux offres proposées par le décret, elles sont si éloignées des versements effectués en espèces, qu'elles constituent l'État, vis-à-vis des Compagnies, dans une situation de déficit qui équivaut presque à une banqueroute.

M. le Ministre des finances s'est étudié à établir systématiquement que les Compagnies de chemins de fer n'étaient qu'une création calculée, qu'une force aristocratique à la dévotion de l'ancienne monarchie; l'histoire des faits presque contemporains, tant en France qu'aux Etats-Unis, proteste énergiquement contre une telle allégation.

L'histoire ne pourrait-elle pas dire un jour, à plus juste titre, qu'en décrétant le rachat des chemins de fer, l'Assemblée nationale aurait, à son insu sans doute, fait une première concession aux systèmes dirigés contre la propriété privée et contre la libre association des grandes industries qui, de tout temps, et principalement dans les Etats démocratiques, ont développé la force et la richesse nationales, autant qu'elles ont généralisé et accru le bien-être des travailleurs?

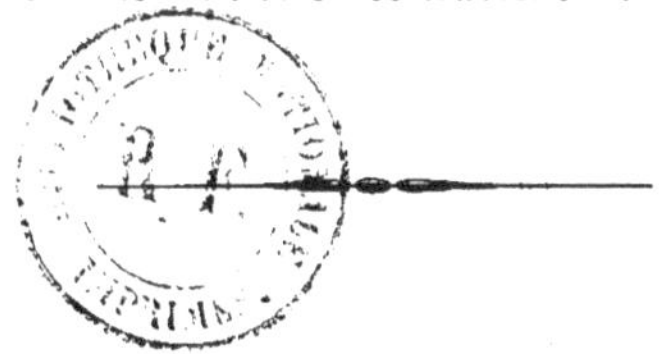

Paris, Paul DUPONT.